Nachhaltig leben leicht gemacht

- Tipps und Tricks für ein bewussteres und nachhaltigeres Leben -

Vorwort

Nachhaltigkeit bedeutet, unsere Lebensweise so zu gestalten, dass wir unsere Auswirkungen auf die Umwelt minimieren und gleichzeitig die Lebensqualität erhalten. Es geht darum, bewusste Entscheidungen zu treffen, die sowohl uns als auch zukünftigen Generationen zugutekommen. Das kann bedeuten, sich für grüne und nachhaltige Produkte zu entscheiden, Ressourcen sparsamer einzusetzen und Mobilität neu zu denken. Das bedeutet aber nicht, unsere Lebensweise radikal zu ändern oder auf Komfort zu verzichten. Mit der richtigen Einstellung zum Thema Nachhaltigkeit können kleine Veränderungen eine große Wirkung haben. Nach dem Pareto-Prinzip ergibt eine 20-prozentige Änderung oft einen 80-prozentigen Effekt. Lassen Sie uns gemeinsam eine nachhaltigere Zukunft gestalten.

Bibliografische Information der Deutschen Nationalbibliothek: Die Deutsche Nationalbibliothek verzeichnet diese Publikation in der Deutschen Nationalbibliografie; detaillierte bibliografische Daten sind im Internet über dnb.dnb.de abrufbar.

Herstellung und Verlag: BoD - Books on Demand, Norderstedt

ISBN: 978-3-7597-3768-7

Gewidmet der Natur und den begrenzten Ressourcen, die wir hüten und bewahren müssen, in der Hoffnung, dass zukünftige Generationen eine nachhaltige Lebensweise weiterführen können.

Für alle, die sich auf den Weg der Nachhaltigkeit machen, in der Hoffnung, dass wir gemeinsam eine bessere Zukunft für uns und unsere Umwelt schaffen können.

Das Buch wurde bewusst mit weniger als 100 Seiten verfasst. Das hat mehrere Gründe:

1) Eine nachhaltige Lebensweise muss nicht kompliziert sein, sie lässt sich auf wenigen Seiten beschreiben.

2) Das Buch soll kein Roman sein, sondern ein Handbuch und Nachschlagewerk. Ein übersichtliches Buch eignet sich hierfür hervorragend.

3) Ein kurzes Buch spart Papier und ist damit nachhaltiger. Wir empfehlen daher auch, das Buch als E-Book zu kaufen.

Inhaltsverzeichnis

Kapitel 1

Nachhaltigkeit

- Was Nachhaltigkeit bedeutet und was es nicht bedeutet -

5 Fakten zum Thema Nachhaltigkeit

1) Mobilität spielt eine Schlüsselrolle bei der Förderung einer nachhaltigen Zukunft, insbesondere durch die Nutzung öffentlicher Verkehrsmittel, Fahrräder und Elektrofahrzeuge. In Ländern mit hohen Radverkehrszahlen wie den Niederlanden kann das Radfahren die CO2-Emissionen um bis zu 1,5 Tonnen pro Person und Jahr reduzieren.

2) Menschliche Aktivitäten haben einen erheblichen Einfluss auf den Klimawandel, einschließlich der Treibhausgasemissionen aus der Nutzung von Kohle, Öl und Gas (Weltklimarat). Beispielsweise sind die globalen Temperaturen um durchschnittlich 0,2 °C pro Jahrzehnt gestiegen und werden bis zum Ende des Jahrhunderts voraussichtlich um 1,5 bis 4 °C steigen (IPCC).

3) Überfischung ist ein ernstes Problem, das zum Aussterben der Fischpopulationen führt. 60 % der weltweiten Fischbestände sind überfischt und Schätzungen zufolge könnten bis 2050 alle kommerziellen Fischbestände erschöpft sein (World Wildlife Fund (WWF)).

4) Abfall ist ein großes Umweltproblem, insbesondere Plastikmüll, der Jahrzehnte braucht, um sich zu zersetzen und giftige Substanzen freizusetzen. Jedes Jahr gelangen weltweit rund 8 Millionen Tonnen Plastik in die Ozeane und richten erhebliche Schäden an Ökosystemen und Meereslebewesen an (UNEP).

5) Energieeffizienz und erneuerbare Energien sind wichtige Aspekte der Nachhaltigkeit, da sie dazu beitragen, den

Energieverbrauch und die CO2-Bilanz zu reduzieren. Energieeffizienzmaßnahmen wie der Ersatz der Beleuchtung durch energiesparende LED-Lampen können den Energieverbrauch um bis zu 75 % senken. Erneuerbare Energien wie Solarenergie, Windenergie und Wasserkraft tragen erheblich zur Reduzierung der CO2-Emissionen bei.

Wie eingangs beschrieben, soll dieses Buch nicht die Anleitung für eine grundlegende Veränderung der Lebensgewohnheiten sein. Es braucht jedoch eine Zieldefinition, um den Zielzustand zu kennen und gezielt darauf hinzuarbeiten. Ist dieser Zustand bekannt, so sollte es ein Leichtes sein, die Tipps und Tricks in diesem Buch sukzessive umzusetzen und so den Weg zu einem nachhaltigeren Lebensstil zu ebnen. Es stellt sich daher die Frage, wie wir selbst Nachhaltigkeit definieren und was Nachhaltigkeit für uns bedeutet.

Was bedeutet Nachhaltigkeit? Zweifelsohne kann jeder Leser den Nachhaltigkeitsbegriff für sich definieren. Und so ist das Verständnis für Nachhaltigkeit tatsächlich individuell und wird von Mensch zu Mensch anders interpretiert. Die nachfolgende Definition dient daher dazu, das Verständnis für den Begriff anzugleichen, um Missverständnisse und Fehlinterpretationen zu vermeiden.

Nachhaltiges Leben bedeutet, sich auf einen Lebensstil einzulassen, der die Umwelt, die Gesellschaft und die Wirtschaft in Einklang bringt. Ressourcen wie Land, Nahrung, Materialien, aber auch umweltbelastende Dienstleistungen sollen schonend genutzt werden, um zu gewährleisten, dass auch für künftige Generationen eine vergleichbare Lebensqualität gewährleistet ist.

Heißt das also, dass der Konsum auf ein Minimum reduziert werden und der Lebensstandard eingeschränkt werden soll? Nein! Was Nachhaltigkeit nach unserer Definition nicht bedeuten soll:

Nachhaltigkeit soll nicht bedeuten, dass der Verzicht und die Reduktion des Konsums das einzige Mittel sind, um eine nachhaltige Zukunft zu erreichen. Ein zu starker Verzicht und eine Reduktion des Konsums können tatsächlich dem Wirtschaftswachstum schaden und damit den Wohlstand aller gefährden. Stattdessen sollten Innovation und Umstellung im Vordergrund stehen, um nachhaltige Lösungen zu finden, die sowohl den Umweltschutz als auch das Wirtschaftswachstum unterstützen. Dies kann beispielsweise durch Investitionen in erneuerbare Energien, effizientere Produktionsprozesse und nachhaltige Produkte erreicht werden. Der Schlüssel zum Erfolg liegt also in der Förderung von Innovationen und der Umstellung auf nachhaltige Praktiken, anstatt auf Verzicht und Reduktion des Konsums zu setzen.

Ihre Notizen

_____

_____

_____

_____

_____

_____

_____

_____

_____

_____

_____

_____

_____

Kapitel 2

Einführung und Definition eines nachhaltigen Lebens

- Mit kleinen Änderungen Großes bewirken -

5 Fakten zum nachhaltigen Leben

1) Eine wichtige Säule eines nachhaltigen Lebensstils ist die Reduzierung der CO_2-Emissionen. Durch die Nutzung öffentlicher Verkehrsmittel, Radfahren und Carsharing können die CO_2-Emissionen pro Person um bis zu 2 Tonnen pro Jahr reduziert werden (Europäische Umweltagentur).

2) Eine weitere wichtige Maßnahme für einen nachhaltigen Lebensstil ist die Nutzung erneuerbarer Energien wie Sonnenenergie, Windenergie und Wasserkraft. Deutschland hat seine installierte Leistung erneuerbarer Energien zwischen 2000 und 2023 von 18 GW auf über 170 GW ausgebaut (Bundesnetzagentur).

3) Ein weiterer wichtiger Bestandteil einer nachhaltigen Lebensweise ist die Verwendung von umweltfreundlichen Produkten wie Recyclingpapier, Bio-Lebensmitteln und energiesparenden Geräten. In den Vereinigten Staaten werden jährlich mehr als 100 Milliarden Plastiktüten verbraucht, wodurch eine enorme Menge an Abfall entsteht (US Environmental Protection Agency).

4) Ein weiterer wichtiger Bestandteil eines nachhaltigen Lebensstils ist die Vermeidung von Lebensmittelabfällen. Das bedeutet, unnötige Lebensmittelverschwendung zu vermeiden. In Europa werden jedes Jahr etwa 90 Millionen Tonnen Lebensmittel weggeworfen, was einem Abfall von 160 Milliarden Euro entspricht (Europäische Kommission).

5) Ein weiterer wichtiger Punkt eines nachhaltigen Lebens ist der Kauf von lokal produzierten Waren und Dienstleistungen

zur Stärkung der lokalen Wirtschaft. In den Vereinigten Staaten wird geschätzt, dass jeder Dollar, der in lokale Unternehmen investiert wird, durchschnittlich 68 Cent in der lokalen Wirtschaft unterstützt und zur Stärkung lokaler Gemeinschaften beiträgt (Amerikas Independent Business Alliance).

Wir alle sind Teil einer Welt, die immer schneller und komplexer wird. Eine Welt, die oft mit dem Gefühl konfrontiert ist, überfordert und gehetzt zu sein. Wir vergessen oft, dass wir eine entscheidende Rolle bei der Gestaltung unserer Umwelt und unseres Lebensstils spielen. Alle reden von Nachhaltigkeit, aber was bedeutet das eigentlich? Nachhaltigkeit bedeutet Ressourcen zu schonen und so zu leben, dass ein Leben auch für zukünftige Generationen möglich ist. Es geht darum, Entscheidungen zu treffen, die langfristige Auswirkungen haben und umwelt- und sozialverträglich sind. Unsere aktuelle, westliche Lebensweise ist sehr verschwenderisch. Ein Beispiel ist der Umgang mit Lebensmitteln. In den Vereinigten Staaten werden jedes Jahr etwa 40 % aller Lebensmittel verschwendet, obwohl sie noch einwandfrei essbar sind (Natural Resources Defense Council). Dies ist ein Beispiel dafür, wie Sie Ihr Verhalten ändern können, um einen nachhaltigeren Lebensstil zu führen.

Gewohnheiten zu ändern ist nicht immer einfach, aber oft sind es die kleinen Änderungen, die einen großen Unterschied machen.

Hier sind einige Tipps, wie Sie Ihren Lebensstil nachhaltiger gestalten können:

1) Verwenden Sie wiederverwendbare Beutel, Flaschen und Behälter anstelle von Einwegprodukten.

2) Vermeiden Sie Lebensmittelverschwendung, indem Sie nur das kaufen, was Sie wirklich brauchen.

3) Wählen Sie energiesparende Haushaltsgeräte und nutzen Sie diese effizient.

4) Verwenden Sie umweltfreundliche Reinigungsmittel und vermeiden Sie Chemikalien, die der Umwelt schaden können.

5) Verwenden Sie Energiesparlampen und schalten Sie Geräte aus, wenn Sie sie nicht benutzen.

6) Verwenden Sie ökologische Kleidung aus natürlichen Materialien und vermeiden Sie Synthetik.

7) Unterstützen Sie die lokale saisonale Landwirtschaft und vermeiden Sie ausländische Lebensmittel.

8) Reduzieren Sie unnötigen Abfall, indem Sie Gegenstände wie Strohhalme und Einweg-Rasierklingen vermeiden.

9) Reduzieren Sie Plastikmüll.

10) Vermeiden Sie Flugreisen und reisen Sie nach Möglichkeit mit Zug oder Bus.

Dies sind nur einige Beispiele, aber es gibt viele andere Möglichkeiten, einen nachhaltigeren Lebensstil zu führen. Es ist wichtig zu beachten, dass jede Veränderung, ob groß oder klein, einen Unterschied machen kann. Indem Sie sich bewusst für nachhaltige Lebensstile entscheiden, können Sie zu einer besseren Zukunft für alle beitragen.

***

Ihre Challenge für ein nachhaltiges Leben

Heute haben Sie die Chance, drei Aufgaben zu erledigen, um Ihr Leben nachhaltiger zu gestalten:

1) Prüfen Sie Ihr Konsumverhalten: Denken Sie an die Produkte, die Sie in den letzten Wochen gekauft haben und ob diese nachhaltig produziert wurden. Heute ist der Tag, um nachhaltige Alternativen zu finden.

2) Ändern Sie Ihre Energiegewohnheiten: Denken Sie darüber nach, wie Sie Energie in Ihrem Haushalt verbrauchen. Wie gelingt es Ihnen Energie zu sparen? Schalten Sie den Standby-Modus Ihrer Geräte aus bzw. ziehen Sie den Stecker. Verwenden Sie schon energieeffiziente LED Lampen?

3) Stellen Sie Ihre Ernährung um: Zählen Sie, wie oft Sie in den letzten Wochen Fleisch und andere tierische Produkte gegessen haben. Denken Sie darüber nach, wie Sie einen pflanzenbasierten Ernährungsstil etablieren oder den Fleischkonsum reduzieren können, um einen nachhaltigen Beitrag zu leisten.

Ihre Notizen

_____

_____

_____

_____

_____

_____

_____

_____

_____

_____

_____

_____

_____

_____

Kapitel 3

Umweltauswirkungen und Ressourcenverbrauch

- Wir alle können einen Beitrag leisten -

5 Fakten zu Umweltauswirkungen und Ressourcenverbrauch

1) Ressourcenverbrauch: Eine der größten Herausforderungen für nachhaltige Lebensstile ist die Übernutzung von Ressourcen, insbesondere von Energie und Wasser, im Westen. Der durchschnittliche Energieverbrauch pro Person in den Vereinigten Staaten beträgt ungefähr 75.000 kWh pro Jahr, während der globale Durchschnitt bei etwa 25.000 kWh liegt (US Energy Information Administration).

2) Überkonsum: Ein weiteres Merkmal des westlichen Lebensstils, das sich negativ auf die Nachhaltigkeit auswirkt, ist der übermäßige Konsum von besonders unnötigen oder kurzlebigen Produkten. In Deutschland werden jährlich etwa 1,3 Millionen Tonnen Kleidung entsorgt, wodurch Ressourcen und Energie verschwendet und Umweltverschmutzung verursacht wird (Organic Textile Partner).

3) Energieeffizienz schont Ressourcen und reduziert den CO_2-Ausstoß: Energieeffiziente Geräte und Gebäude verbrauchen weniger Energie und stoßen daher weniger CO_2 aus. Beispielsweise verbraucht ein energieeffizienter Kühlschrank bis zu 50% weniger Strom als ein vergleichbarer älterer Kühlschrank.

4) Abfallerzeugung: Ein weiterer wichtiger Bestandteil eines nachhaltigen Lebensstils ist die Reduzierung von Abfall, insbesondere durch die Verwendung wiederverwendbarer Produkte und die Vermeidung unnötiger Verpackungen. Die Vereinigten Staaten erzeugen jedes Jahr über 250 Millionen

Tonnen Abfall. Dies entspricht einer durchschnittlichen Abfallerzeugung von etwa 2 Kilo pro Person und Tag (US Environmental Protection Agency).

5) Ernährung: Die Ernährung hat einen großen Einfluss auf die Umwelt. Eine verantwortungsvolle Ernährung, die auf pflanzliche Lebensmittel setzt und den Fleischkonsum reduziert, kann die Umweltbelastung verringern. Beispielsweise kann eine vegetarische Ernährung gemäß den Vereinten Nationen Ihre CO_2-Emissionen um bis zu 1 Tonne pro Jahr reduzieren.

Während die moderne westliche Lebensweise viele Vorteile hat, hat sie auch ihre Schattenseiten. Sie belastet die Umwelt stark und verbraucht Unmengen an Ressourcen. Klimawandel und Treibhausgasemissionen sind eine direkte Folge unseres Lebensstils. Luft- und Bodenverschmutzung und die Übernutzung der Wasserressourcen beeinträchtigen nicht nur die Umwelt, sondern auch unsere Gesundheit und das Wohlergehen unserer Gemeinden. Die Intensität des westlichen Lebensstils. Der westliche Lebensstil ist sehr ressourcenintensiv. Ein klassisches Beispiel ist der tägliche Arbeitsweg mit dem Auto, der hohe Treibhausgasemissionen verursacht. Auch exzessive Konsumverhaltensweisen wie Kleidung, Elektronik und Lebensmittel führen zu einem übermäßigen Ressourcenverbrauch.

Dieses Kapitel beschreibt die Umweltbelastung und den Ressourcenverbrauch, die durch den westlichen Lebensstil verursacht werden. Es zeigt, wie verschwenderisch unser Alltag ist und was kleine Veränderungen bewirken können, um zu einer nachhaltigeren Zukunft beizutragen. Der westliche Lebensstil ist auf einen starken Verbrauch von Energie, Ressourcen und Treibhausgasen ausgerichtet, was zu einer hohen Klima-Intensität führt. Einige der klima intensivsten Aktivitäten sind:

Landwirtschaft: Die Landwirtschaft ist einer der größten Treibhausgasemittenten und macht 14,5 % der weltweiten Emissionen aus (Agroscope Schweiz). Die Fleisch- und Milchwirtschaft verursacht massive Methanemissionen, ebenso der Einsatz von Düngemitteln und Pestiziden verursacht Treibhausgasemissionen.

Lebensmittelproduktion und -verarbeitung: Fleisch- und Milchproduktion sind besonders klimaschädlich. Ein Kilogramm Gemüse stößt deutlich weniger als 1 kg CO_2 aus, während ein Kilogramm Rindfleisch etwa 15 kg CO_2 ausstößt (Ernährungs- und Landwirtschaftsorganisation der Vereinten Nationen).

Verkehr: Der Verkehr ist eine Hauptquelle von Luftverschmutzung und Treibhausgasemissionen. Die Nutzung von Autos und Flugzeugen ist besonders klimaschädlich, da sie große Mengen an CO_2 und Stickoxiden ausstoßen.

Energieerzeugung: Die Energieerzeugung trägt wesentlich zu den Treibhausgasemissionen bei, da ein Großteil der Energie aus Kohle, Öl und Gas stammt, die bei der Verbrennung große Mengen CO_2 freisetzen.

Wasserverbrauch: Der hohe Wasserverbrauch im Westen führt zur Übernutzung der Wasserressourcen und zur Degradation von Ökosystemen, die als Wasserreservoirs dienen.

Es ist wichtig zu beachten, dass jeder von uns die Möglichkeit und Verantwortung hat, seinen Ressourcenverbrauch und die Treibhausgasemissionen zu reduzieren und das Klima zu schützen.

Nachfolgend sind die Hauptquellen von Treibhausgasemissionen in Europa und ihre durchschnittlichen Prozentsätze gemäß der Europäischen Umweltagentur aufgeführt.

Energie: 80 % (fossile Brennstoffe wie Kohle, Öl und Gas)
Landnutzung: 6 % (Entwaldung, Landwirtschaft)
Industrie: 10 % (Produktion von Zement, Stahl, Aluminium und Chemikalien)
Land- und Viehwirtschaft: 4 % (Viehemissionen, Düngemittelemissionen)

Diese Informationen basieren auf den „Emissionen wichtiger Treibhausgase von 1990 bis 2021" der Europäischen Umweltagentur. Eines der größten Probleme, mit denen wir heute konfrontiert sind, ist der Klimawandel. Dies ist hauptsächlich auf anthropogene Emissionen von Treibhausgasen, insbesondere Kohlendioxid (CO_2), zurückzuführen. Unser westlicher Lebensstil, der auf einer Kultur des Überkonsums und des Wegwerfens basiert, mit einer starken Nutzung von Kohle, Öl und Gas für die.

Energieerzeugung und Transport sind einer der größten Verursacher dieser Emissionen. Der westliche Lebensstil ist auf einen starken Verbrauch von Energie, Ressourcen und Treibhausgasen ausgerichtet, was zu einer hohen Klimaintensität führt. Boden-, Luft- und Wasserverschmutzung.

Unsere Lebensweise beeinflusst nicht nur das Klima, sondern auch die Qualität unserer Boden-, Luft- und Wasserressourcen. Überdüngung und Überbewässerung von Ackerland, der Einsatz von Pestiziden und Herbiziden sowie die Entwaldung tragen alle zur Bodenkontamination bei.

Luftverschmutzung durch Autoverkehr und industrielle Prozesse wirkt sich nicht nur auf die Gesundheit, sondern auch auf das Klima aus. Übernutzung und Verschmutzung der Wasserressourcen führen zu Verknappung und Bedrohung der Ökosysteme.

Folgende Details zur Boden-, Luft- und Wasserverschmutzung:

Bodenverseuchung: Eine Studie des Instituts für Umwelt und menschliche Sicherheit der Universität der Vereinten Nationen schätzt, dass bis zu 50% der Böden der Erde durch Bodenverschmutzung, Raubbau und Erosion bedroht sind. In den Vereinigten Staaten wurden schätzungsweise über 30.000 kontaminierte Standorte durch das US-Superfund-Programm saniert. Es wird von der Environmental Protection Agency (EPA) überwacht. Laut einer Studie der Europäischen Umweltagentur (EEA) sind bis zu 33% der europäischen Böden von Bodenverunreinigung und Übernutzung bedroht. Bodenverschmutzung wird durch viele Faktoren verursacht, darunter Landnutzung, industrielle Aktivitäten, Deponien, übermäßiger Einsatz von Pestiziden und Düngemitteln sowie Abwasser. Sie kann zu Erosion, Verlust der Bodenfruchtbarkeit, Verunreinigung von Grundwasser und Gewässern sowie zu Veränderungen von Bodenökosystemen führen.

Luftverschmutzung: Laut einer Studie der Weltgesundheitsorganisation (WHO) sterben jährlich 7 Millionen Menschen weltweit an Luftverschmutzung. In Indien lag die durchschnittliche jährliche Feinstaubbelastung im Jahr 2018 bei etwa 110 Mikrogramm pro Kubikmeter und damit deutlich über dem von der WHO empfohlenen Grenzwert. In China lag die durchschnittliche Feinstaubbelastung im Jahr 2016 bei etwa 75 Mikrogramm pro Kubikmeter und damit immer noch über den von der WHO empfohlenen Grenzwerten.

Luftverschmutzung wird durch menschliche Aktivitäten wie die Verwendung fossiler Brennstoffe in Autos und Kraftwerken, Brände, Landwirtschaft und andere industrielle Prozesse verursacht. Es kann zu gesundheitlichen Problemen wie Atemwegserkrankungen, Herz-Kreislauf-Erkrankungen und Krebs führen.

Wasserverschmutzung: Laut einer Studie des World Water Development Report der Vereinten Nationen beträgt das weltweite jährliche Aufkommen an Industrieabwässern etwa 340 Milliarden Tonnen.

Laut einer Studie der Europäischen Umweltagentur (EEA) sind bis zu 40% der europäischen Gewässer von Wasserverschmutzung bedroht. Jedes Jahr fliessen mehrere Milliarden Gallonen Erdöl und andere Chemikalien in unsere Wasserstraßen, was zu ernsthaften Umweltschäden und Gesundheitsproblemen führt.

Wasserverschmutzung wird durch menschliche Aktivitäten wie industrielle und landwirtschaftliche Abwässer, Müllentsorgung, Öl- und Chemikalienunfälle und Übernutzung von Wasserressourcen verursacht. Dies kann zu Gesundheitsproblemen, dem Zusammenbruch von Ökosystemen und dem Verlust von Trinkwasserressourcen führen.

Maßgebliche Quellen für detaillierte Informationen über Boden-, Luft- und Wasserverschmutzung sind Umweltbehörden und -agenturen in Ländern wie zum Beispiel die Umweltschutzagentur (EPA), die Europäische Umweltagentur (EEA) und das Umweltprogramm der Vereinten Nationen (UNEP).

Es ist wichtig zu beachten, dass diese Zahlen von Region zu Region und von Jahr zu Jahr variieren können, und ständige Anstrengungen erforderlich sind, um die Verschmutzung von Boden, Luft und Wasser zu verringern und den Schutz von Umwelt und Gesundheit zu gewährleisten.

Abfallwirtschaft und Recycling: Ein Großteil unseres Abfalls wird nicht ordnungsgemäß behandelt und kann schwerwiegende Folgen für die Umwelt und die menschliche Gesundheit haben. Die Welt erzeugt jedes Jahr mehr als 1 Milliarde Tonnen Abfall, aber nur ein Bruchteil davon wird recycelt. Recycling hilft, die Müllberge zu reduzieren und Ressourcen zu schonen. Wir erzeugen jedes Jahr eine Menge Abfall, von dem vieles vermieden werden kann, wenn wir bewusst entscheiden, was wir kaufen und wie wir es entsorgen. Abfallrecycling spielt eine wichtige Rolle bei der Reduzierung von Abfall und der Wiederverwendung von Ressourcen.

Wenn es um Abfallmanagement und Recycling geht, können Sie als Verbraucher viel tun. Eine einfache Möglichkeit, die vielen bereits bekannt sein dürfte, besteht darin, den Müll zu trennen. Abfälle lassen sich in Papier-, Glas-, Kunststoff-, Metall- und Bioabfälle unterteilen. Dadurch ist das Material einfacher zu handhaben und zu recyceln. Aber es ist auch wichtig, Abfälle verantwortungsvoll zu entsorgen. Zum Beispiel Verpackungen gründlich reinigen und Speisereste vor der Entsorgung zu entfernen.

Ein weiterer Bereich, in dem viel Raum für Verbesserungen besteht, ist bei Verwendung von Einwegverpackungen. Während sich viele Menschen wiederverwendbaren Kaffeetassen, Flaschen und Brotdosen zuwenden, greifen viele immer noch täglich zu Einwegverpackungen. Hier sind einige einfache Möglichkeiten, dies zu umgehen. Statt Lebensmittel und Getränke in Einwegverpackungen zu kaufen, können Sie sie in selbst mitgebrachte Mehrwegbehälter packen. Viele Shops bieten Ihnen diese Möglichkeit an. Alternativ können Sie selbst kochen und Ihre gekochten Mahlzeiten statt in Einwegverpackungen in einem Mehrwegbehältern mitnehmen. Außerdem können Sie beispielsweise Naturkosmetik ohne Plastikverpackung verwenden oder darauf achten, dass die von Ihnen gekauften Produkte in Papier- oder Kartonverpackungen verpackt sind.

Dies sind nur ein paar schnelle Tipps, aber wenn wir alle zusammenarbeiten und uns bewusst entscheiden, künftig nachhaltigere Entscheidungen zu treffen, können wir einen echten Unterschied machen, unseren Abfallberg reduzieren und die Umweltauswirkungen des Konsums minimieren. Einwegverpackungen sind wohl das Hauptbeispiel für Ressourcenverschwendung. Obwohl das Produkt nur wenige Minuten verwendet wird, kann es jahrzehntelang in der Umwelt verbleiben und das Ökosystem beeinträchtigen. Einige Länder haben bereits Schritte unternommen, um die Verwendung von Einwegverpackungen zu reduzieren.

Allerdings gibt es in anderen Ländern noch viel Luft nach oben. Einwegverpackungen spielen in unserem täglichen Leben eine große Rolle, sind aber leider oft nicht biologisch abbaubar. In vielen Ländern, so auch in Deutschland, landen jedes Jahr große Mengen an Plastikmüll auf Mülldeponien und im Meer. Um mit diesen Problemen umzugehen, gibt es einige einfache Lösungen, die jeder von uns anwenden kann.

Verzichten Sie bewusst auf Einwegverpackungen und verwenden Sie stattdessen wiederverwendbare Behälter und Getränkeflaschen. Auch das Mitbringen einer eigenen Einkaufstasche zur Vermeidung von Plastiktüten ist eine einfache Möglichkeit, die Umweltauswirkungen von Einwegverpackungen zu minimieren. Eine weitere Möglichkeit besteht darin, nach Produkten zu suchen, die in umweltfreundlichen Verpackungen geliefert werden. Viele Unternehmen bieten mittlerweile alternative Verpackungsmaterialien wie biologisch abbaubares Papier und Karton an. Indem wir diese Produkte unterstützen, können wir dazu beitragen, den Trend weg von Einwegverpackungen und hin zu nachhaltigeren Optionen voranzutreiben.

Nachfolgend einige Beispiele für Einwegverpackungen:

Plastikbecher: Plastikbecher, die üblicherweise für Getränke wie Kaffee und Soda verwendet werden, sind ein gängiges Beispiel für Einwegverpackungen.

Plastikflaschen: Sie werden oft für Wasser, Soda und andere Getränke verwendet und stellen eine große Gefahr für die Umwelt dar, da sie oft nicht ordnungsgemäß entsorgt werden.

Aluminiumdosen: Aluminium ist in hohem Maße recycelbar, aber viele Aluminiumdosen werden nach einmaligem Gebrauch weggeworfen, was zu einer Zunahme des Abfalls führt.

Plastikstrohhalme: Plastikstrohhalme stellen eine große Bedrohung für die Ozeane und ihre Bewohner dar, da sie oft unsachgemäß entsorgt werden und schließlich im Meer landen.

Plastiktüten: Plastiktüten werden oft einmal verwendet und dann weggeworfen, was die Abfallmenge erhöht und Meereslebewesen gefährdet.

Es ist wichtig zu beachten, dass die Verwendung von Einwegverpackungen zu einer erhöhten Abfall- und Umweltbelastung führt. Erste Unternehmen und Länder sind bereits bemüht, die Verwendung von Einwegverpackungen zu reduzieren und nachhaltigere Verpackungspraktiken zu fördern.

∗∗∗

Ihre Challenge zum Thema Ressourcenverbrauch

Heute haben Sie die Chance, drei Aufgaben zu erledigen, um Ihr Konsumverhalten nachhaltiger zu gestalten:

1) Reflektieren Sie Ihre Einkaufsgewohnheiten. Nutzen Sie Plastiktüten oder Einwegverpackungen? Tauschen Sie diese durch Mehrwegtüten und Mehrwegverpackungen aus. Fragen Sie an den Theken explizit danach.

2) Verwenden Sie Dünger und Unkrautvernichter für Ihren Garten? Schauen Sie sich nach biologischen Alternativen um - es gibt eine breite Auswahl.

3) Trennen Sie Ihren Müll richtig? Versuchen Sie Müll, wenn immer möglich, zu vermeiden und trennen Sie den entstandenen Müll richtig. Erkundigen Sie sich nach der richtigen Mülltrennungsmethode bei Ihrer Gemeinde.

Ihre Notizen

_____

_____

_____

_____

_____

_____

_____

_____

_____

_____

_____

_____

_____

_____

_____

Kapitel 4

Ernährung und Lebensmittel

- Mit den richtigen Lebensmitteln
nachhaltiger leben -

5 Fakten zu nachhaltiger Ernährung und Lebensmittel

1) Ein wesentlicher Aspekt eines nachhaltigen Lebensstils ist die Reduzierung des Fleischkonsums. Die Fleischproduktion ist mit hohen Umweltbelastungen und einem hohen Energie- und Ressourcenverbrauch verbunden. Studien haben gezeigt, dass eine Person mehr als 3 Tonnen CO_2 pro Jahr einsparen kann, wenn sie nur weniger Fleisch pro Woche konsumieren.

2) Der Konsum regionaler und saisonaler Zutaten kann den CO_2-Ausstoß beim Lebensmitteltransport stark reduzieren. Studien zeigen, dass der Verzehr von saisonalen und regionalen Produkten in Großbritannien jährlich bis zu 2 Millionen Tonnen CO_2-Emissionen einsparen kann (Soil Association).

3) Ein weiterer wichtiger Aspekt ist die Vermeidung von Lebensmittelabfällen, die Energie und Ressourcen verschwenden und zusätzliche CO_2-Emissionen verursachen. In den Vereinigten Staaten wird fast die Hälfte aller produzierten Lebensmittel verschwendet. Es ist einer der größten Verursacher von Treibhausgasemissionen und kann durch nachhaltige Ernährung und bessere Planung reduziert werden.

4) Bio-Produkte haben in der Regel eine geringere Umweltbelastung als herkömmliche Lebensmittel und tragen zum Schutz des Bodens und zur Förderung der Artenvielfalt bei. Studien belegen, dass der ökologische Landbau in Europa dazu beiträgt, die CO_2-Emissionen jährlich um etwa 3 Millionen Tonnen zu reduzieren (Europäische Umweltagentur).

5) Essen Sie mehr pflanzliche Lebensmittel. Pflanzliche Ernährung hat in der Regel einen geringeren CO_2-Fußabdruck als fleisch basierte Ernährung. Studien zeigen, dass eine pflanzenbasierte Ernährung die CO_2-Emissionen im Vergleich zu einer fleisch basierten Ernährung um durchschnittlich 50-75% reduzieren kann.

Nachhaltige Ernährung und Lebensmittel sind ein Schlüsselthema in modernen Gesellschaften mit ständig zunehmender menschlicher Umweltverschmutzung. Es gibt viele Möglichkeiten, um einen möglichst nachhaltigen Lebensstil mit der Ernährung zu beginnen. Hier sind einige Tipps und Überlegungen, die zu einer nachhaltigeren Zukunft beitragen können.

Eine der einfachsten Möglichkeiten, eine nachhaltigere Ernährung zu fördern, ist die Einführung fleischfreier Tage. Das bedeutet, an bestimmten Wochentagen auf Fleischprodukte zu verzichten. Das reduziert nicht nur den Fleischkonsum, sondern auch den damit verbundenen ökologischen Fußabdruck.

Eine weitere Möglichkeit, eine nachhaltigere Ernährung zu fördern, besteht darin, eine rein vegane Ernährung in Betracht zu ziehen. Veganismus bedeutet, keine tierischen Produkte wie Milchprodukte, Eier oder Honig zu essen. Eine vegane Ernährung trägt dazu bei, den Einsatz tierischer Produkte zu reduzieren und so den eigenen ökologischen Fußabdruck zu verringern. Sollten Sie nicht sofort komplett vegan essen wollen, lohnt es sich bereits die vegetarische Lebensweise auszuprobieren.

Bitte achten Sie darauf, Lebensmittel bewusst aus nachhaltigen Quellen einzukaufen. Dazu gehören Bio-Lebensmittel, die ohne den Einsatz von chemischen Pestiziden oder Düngemitteln hergestellt werden. Eine weitere Möglichkeit, umweltfreundliche Lebensmittel zu unterstützen, besteht darin, regionale und saisonale Lebensmittel zu kaufen. Dadurch können wir den Verbrauch von Transport Ressourcen reduzieren und die lokale Landwirtschaft unterstützen. Schauen Sie doch mal, ob es bei Ihnen in der Nähe einen Hofladen gibt und kaufen Sie direkt beim Erzeuger.

Durch bewusstes und nachhaltiges Essen können wir auch Lebensmittelabfälle vermeiden. Eine Möglichkeit besteht darin, einen Einkaufs- und Speiseplan zu erstellen, sodass Sie nur das kaufen, was Sie wirklich brauchen. Es hilft auch, regelmäßig auf das Haltbarkeitsdatum der Produkte zu schauen, um sicherzustellen, dass Sie keine Lebensmittel vergessen haben. So verbrauchen Sie diese innerhalb des Verfallsdatums.

Ein weiterer Tipp ist, schlecht gewordene Lebensmittel als Kompost oder Tierfutter zu verwenden. Besser noch, verarbeiten Sie die Lebensmittel, bevor sie schlecht werden. So lassen sich braune Bananen beispielsweise zu einem leckeren Bananenbrot oder "Nicecream" verarbeiten, aus alten Äpfeln zaubern Sie ein himmlisches Kompott. Auch bei der Verpackung der Lebensmittel sollten Sie aufpassen. Vermeiden Sie unnötige Verpackungen und entscheiden Sie sich stattdessen für wiederverwendbare Recycling Verpackungen.

Ebenso können Sie beim Getränkekauf umweltfreundlichere Entscheidungen treffen, indem Sie auf Einwegflaschen verzichten und stattdessen Mehrwegflaschen, und besser noch Glasflaschen verwenden. Beim Fischkonsum achten Sie am besten auf MSC-zertifizierte Fischprodukte. Diese Zertifizierung bedeutet, dass der Fisch aus nachhaltigen

Quellen stammt und die Fangmethoden umweltschonend sind.

Zur Förderung nachhaltiger Ernährungsweisen hilft es, die unterschiedlichen Gütesiegel für nachhaltige Lebensmittel auf der Verpackung zu suchen. Nachfolgend finden Sie einige der bekanntesten Gütesiegel, auf die Verbraucher achten sollten.

Bio-Siegel: Dieses Siegel wird von der Europäischen Union vergeben, um anzuzeigen, dass die Lebensmittel ohne den Einsatz von chemischen Pestiziden oder Düngemitteln hergestellt wurden.

Fairtrade-Siegel: Dieses Siegel zeigt an, dass die Lebensmittel unter fairen Bedingungen für den Produzenten hergestellt wurden.

MSC-Siegel: Das MSC-Siegel steht für „Marine Stewardship Council" und weist darauf hin, dass der Fisch aus nachhaltig bewirtschafteten Fischbeständen stammt.

Rainforest Alliance Siegel: Dieses Siegel zeigt, dass Lebensmittel aus Plantagen stammen, die nach umwelt- und sozialverträglichen Standards bewirtschaftet werden.

Naturand-Siegel: Dieses Siegel zeigt, dass die Lebensmittel nach hohen Umweltstandards produziert wurden.

Dies sind nur einige der wichtigen Vertrauenszeichen, auf die Verbraucher achten können, um sicherzustellen, dass sie nachhaltige Lebensmittel kaufen. Es ist ratsam, jedes Siegel zu überprüfen und mehr über seine Bedeutung zu erfahren, bevor Sie ein Lebensmittelprodukt kaufen.

Zusammenfassend lässt sich sagen, dass es viele Möglichkeiten gibt, eine nachhaltigere Ernährung zu fördern. Es geht darum, bewusste Entscheidungen zu treffen und sich auf umweltfreundliche, nachhaltige und lokale Zutaten zu konzentrieren. Indem wir einen fleischfreien Tag einführen oder uns vegan ernähren, Lebensmittelverschwendung vermeiden und uns um die Verpackung kümmern, können wir alle zu einer nachhaltigeren Zukunft beitragen.

* * *

Ihre Challenge zur einer nachhaltigeren Ernährung

1) Führen Sie fleischfreie Tage ein: Verzichten Sie an mindestens zwei Tagen in der Woche auf Fleischprodukte. Bereiten Sie stattdessen pflanzliche Gerichte zu oder probieren Sie neue Rezepte aus. Denken Sie an die Vorteile, die Sie haben, wenn Sie kein Fleisch essen. Sie werden automatisch gesünder essen, die Umweltbelastung reduzieren und Geld sparen.

2) Kaufen Sie saisonale Lebensmittel aus der Region: Besuchen Sie den nächstgelegenen Bauernmarkt und kaufen Sie nachhaltige, lokal angebaute Lebensmittel ein. Berücksichtigen Sie die Vorteile des Kaufs saisonaler und lokaler Lebensmittel, wie z. B. frischere Lebensmittel, Verringerung der Transportlast und Unterstützung der lokalen Landwirtschaft.

3) Vermeiden Sie die Verschwendung von Lebensmitteln: Überprüfen Sie Ihren Kühlschrank regelmäßig und verbrauchen Sie Lebensmittel, bevor sie verderben. Planen Sie Ihre Einkäufe und Mahlzeiten sorgfältiger und kaufen und essen Sie nur das, was Sie wirklich brauchen. Denken Sie über die Vorteile der Vermeidung von Lebensmittelabfällen nach.

Ihre Notizen

_____

_____

_____

_____

_____

_____

_____

_____

_____

_____

_____

_____

_____

_____

Kapitel 5

Mobilität

- Zu Fuß und mit dem Rad zu mehr Nachhaltigkeit -

5 Fakten zur nachhaltigen Mobilität

1) Der Verkehrssektor trägt erheblich zu den CO_2-Emissionen bei. Laut der Internationalen Energieagentur (IEA) betrugen die weltweiten CO_2-Emissionen des Straßenverkehrs im Jahr 2018 etwa 1,9 Gigatonnen.

2) Elektrofahrzeuge helfen, CO_2-Emissionen zu reduzieren und Städte sauber zu halten. Auch wenn der Strom oft nicht CO_2 frei ist, tragen sie dazu bei, dass die Luftqualität in den Städten sich deutlich verbessert.

3) Öffentliche Verkehrsmittel und Fahrgemeinschaften sind effektive Alternativen zum Individualverkehr. Laut Untersuchungen des Öko-Instituts sind die CO_2-Emissionen einer 1 km langen Fahrt mit dem Bus etwa 4-5 Mal geringer als bei einer 1 km langen Fahrt mit dem Auto.

4) Verkehrsplanung trägt zur Förderung nachhaltiger Mobilität bei. Eine Studie von Sustainalytics zeigt, dass eine intelligente Verkehrsplanung die Nutzung öffentlicher Verkehrsmittel und des Fahrrads steigern kann, was zu einer geringeren CO_2-Bilanz führt.

5) Der Luftverkehr ist einer der am schnellsten wachsenden Verursacher von CO_2-Emissionen. Es gilt daher, Flugreisen möglichst zu vermeiden bzw. durch umweltfreundlichere Transportmittel zu ersetzen.

Die Art und Weise, wie wir reisen, hat einen großen Einfluss auf die Umwelt. In der westlichen Welt ist es üblich, Autos und Flugzeuge zu benutzen, um von einem Ort zum anderen zu reisen. Glücklicherweise gibt es viele Möglichkeiten, Mobilität nachhaltiger zu gestalten, ohne auf Komfort zu verzichten. Dieses Kapitel befasst sich mit verschiedenen Optionen für nachhaltige Mobilität, darunter öffentliche Verkehrsmittel, Radfahren, Zufußgehen und Elektromobilität. Wir werden auch praktische Tipps besprechen, die jeder in seinem täglichen Leben umsetzen kann. Öffentlicher Verkehr ist eine der einfachsten und bequemsten Arten nachhaltiger Mobilität. Ob Bus, Bahn oder Tram, öffentliche Verkehrsmittel sind eine bequeme Art, sich fortzubewegen, ohne auf dem Fahrersitz sitzen zu müssen. Neben dem Komfort reduziert die Nutzung öffentlicher Verkehrsmittel den Verkehr auf den Straßen und senkt den CO_2-Ausstoß.

Eine Studie des Verkehrsministeriums ergab, dass Menschen, die öffentliche Verkehrsmittel nutzen, ihren CO_2-Fußabdruck im Vergleich zu Autofahrern um 90 % reduzieren.

Überlegen Sie, ob Sie zu Fuß oder mit dem Fahrrad zur Bushaltestelle gelangen können. Es reduziert nicht nur den CO_2-Ausstoß, sondern ist auch gut für Ihre Gesundheit. Stoßzeiten gilt es zu vermeiden. Fahren Sie außerhalb der Stoßzeiten, um sich vor Staus in Bussen und Bahnen zu schützen und unnötige Verzögerungen zu vermeiden. Kaufen Sie Tickets oder Abonnements für mehrere Fahrten, um Geld zu sparen und unnötigen Papiermüll zu vermeiden.

Fahrrad- und Fußgängerverkehr: Wenn Ihr Ziel nicht weit entfernt ist, ist Radfahren oder Wandern eine großartige

Möglichkeit, gesund und dabei umweltfreundlich zu bleiben. Das ist besonders für Kurztrips eine gute Option. Sie tun dabei nebenbei noch etwas für Ihre Gesundheit und genießen die Natur.

Radfahren ist eine der umweltfreundlichsten und gesündesten Möglichkeiten, um von A nach B zu gelangen. Es verursacht keine schädlichen Emissionen. Überlegen Sie, wann immer Sie das Fahrrad anstelle des Autos nutzen können. Verwenden Sie ein gutes Fahrradschloss, um Ihr Fahrrad sicher zu halten und Diebstahl zu verhindern. Planen Sie Ihre Reise im Voraus, um die beste Route zu finden und unnötige Umwege zu vermeiden.

Zusammenfassend lässt sich sagen, dass Radfahren eine der nachhaltigsten Möglichkeiten ist, um von A nach B zu kommen. Sorgfältige Planung, Überprüfung des Fahrrads, Verwendung eines Fahrradschlosses und gemeinsame Fahrten mit Freunden und Familie können Ihnen dabei helfen, nachhaltiger unterwegs zu sein. Elektromobilität ist eine weitere großartige Option für eine nachhaltigere Mobilität. Elektrofahrzeuge haben einen viel geringeren CO_2-Fußabdruck als herkömmliche Verbrenner und sind oft günstiger in der Wartung. Auch der Strom zum Laden von Elektrofahrzeugen kann aus erneuerbaren Quellen stammen. Damit werden Elektrofahrzeuge noch umweltfreundlicher.

Elektromobilität ist eine grünere Alternative zu fossilen Brennstoffen und bietet eine effizientere Art der Fortbewegung. Entscheiden Sie sich doch bei Ihrem nächsten Fahrzeugkauf für ein effizientes Elektrofahrzeug und prüfen Sie vor dem Kauf eines Elektrofahrzeugs dessen

Energieverbrauch und Reichweite. Nutzen Sie öffentliche Ladestationen, um Ihr Elektrofahrzeug aufzuladen, anstatt Ihr eigenes Ladegerät zu verwenden. Überlegen Sie genau, ob Reisen wirklich notwendig sind und vermeiden Sie unnötige Ausflüge. Teilen Sie das Fahrzeug mit Freunden und Kollegen, um den Parkplatzbedarf und den Energieverbrauch zu reduzieren. Nutzen Sie erneuerbare Energiequellen wie Sonnen- oder Windenergie zum Laden Ihres Elektrofahrzeugs. Zusammengefasst ist die Elektromobilität eine effizientere und grünere Alternative zu fossilen Brennstoffen. Durch die gezielte Wahl der Effizienz, die Nutzung öffentlicher Ladestationen, die Vermeidung unnötiger Fahrten.

Durch das Teilen von Fahrten und die Nutzung regenerativer Energiequellen können Elektrofahrzeuge nachhaltiger gefahren werden.

Hier sind einige Tipps für den Alltag, um eine nachhaltigere Mobilität zu fördern:

1) Nutzen Sie so oft wie möglich öffentliche Verkehrsmittel. Busse, Bahnen oder Trams sind effiziente und umweltfreundliche Alternativen zum Auto.

2) Finden Sie die besten Routen und reisen Sie vorhersehbar. Versuchen Sie bestimmte Routinen zu implementieren. Das erleichtert die Umstellung.

3) Entscheiden Sie sich öfters mal zu Fuß oder mit dem Fahrrad unterwegs zu sein. Zu Fuß gehen oder mit dem

Fahrrad fahren gehört zu den gesündesten und nachhaltigsten Fortbewegungsarten.

4) Erwägen Sie den Kauf eines Elektroautos. Elektromobilität ist eine der fortschrittlichsten Technologien in Sachen nachhaltiger Mobilität.

5) Planen Sie Ihre Fahrten effektiver. Erwägen Sie, weniger Fahrten zu unternehmen, indem Sie mehrere Besorgungen oder Termine gleichzeitig erledigen oder bilden Sie Fahrgemeinschaften.

6) Teilen Sie ein Auto mit einem Freund oder Kollegen. Das Teilen eines Autos ist sinnvoll, wenn Sie regelmäßig mit einem Freund oder Kollegen zu einem bestimmten Ort fahren.

∗∗∗

Ihre Challenge im Bereich Mobilität

1) Nutzen Sie öfter die öffentlichen Verkehrsmittel. Überlegen Sie, wie oft Sie in den letzten Wochen öffentliche Verkehrsmittel benutzt haben. Planen Sie mindestens einmal die Fahrt mit öffentlichen Verkehrsmitteln ein und erleben Sie den Komfort und die Bequemlichkeit, die Ihnen öffentliche Verkehrsmittel bieten.

2) Gehen Sie mehr zu Fuß oder mit dem Fahrrad. Reflektieren Sie Ihre Trainingsgewohnheiten der letzten Wochen und planen Sie einen Weg zu Fuß oder mit dem Fahrrad zurückzulegen.

3) Vermeiden Sie unnötige Autofahrten. Zählen Sie, wie oft Sie in den letzten Wochen unnötige Autofahrten unternommen haben. Vermeiden Sie mindestens eine unnötige Autofahrt und finden Sie stattdessen alternative Lösungen wie Online-Shopping oder Videokonferenzen.

Ihre Notizen

_____

_____

_____

_____

_____

_____

_____

_____

_____

_____

_____

_____

_____

_____

Kapitel 6

Reisen

- Reiseabenteuer klimafreundlich erleben -

5 Fakten zum nachhaltigen Reisen

1) Flugreisen sind ein maßgeblicher Treiber von Treibhausgasemissionen. Laut einer Studie der Europäischen Umweltagentur (EEA) entfielen im Jahr 2019 etwa 4 % der weltweiten CO_2-Emissionen auf den Luftverkehr (EEA Europa).

2) Auch Kreuzfahrten können erheblich zur Verschmutzung der Ozeane und Strände beitragen. Laut einer Studie des Umweltbundesamtes aus dem Jahr 2019 kann ein einziger großer Kreuzfahrttanker bis zu 210.000 Liter Schweröl pro Tag verbrennen, was zu einer erheblichen Luft- und Wasserverschmutzung führt.

3) Nachhaltiges Reisen kann dazu beitragen, Ihren ökologischen Fußabdruck zu verringern, indem Sie umweltfreundlichere Alternativen wie das Reisen mit dem Zug oder Bus nutzen. Eine Studie des Verkehrsclub Deutschland zeigt, dass Bahnreisen in Deutschland rund 90 % weniger CO_2 ausstoßen als Flugreisen.

4) Ökotourismus und Naturschutzgebiete tragen zum Schutz der Natur und ihrer Ressourcen bei und tragen gleichzeitig zur nachhaltigen Entwicklung und Armutsbekämpfung lokaler Gemeinschaften bei. Laut einer Studie des World Conservation Forum kann Ökotourismus bis zu 20 % des Bruttoinlandsprodukts einer Gemeinde ausmachen.

5) Verantwortungsbewusstes Reisen trägt dazu bei, die Umweltauswirkungen des Tourismus zu minimieren. Dies kann beispielsweise durch die Nutzung erneuerbarer

Energien, den Einsatz von Recyclingsystemen sowie den Schutz von Arten und Ökosystemen erreicht werden.

Reisende wollen in der Regel neue Orte entdecken, andere Kulturen kennenlernen und entspannen. Aber haben Sie schon einmal über die Umweltauswirkungen des Reisens nachgedacht? Der Tourismus ist einer der größten Wirtschaftszweige der Welt und hat enorme Auswirkungen auf die Umwelt. Deshalb ist es wichtiger denn je, nachhaltig zu reisen. Ökotourismus und Naturschutzgebiete sind eine großartige Möglichkeit, die Natur zu erleben und gleichzeitig etwas Gutes für die Umwelt zu tun. Es gibt viele Naturschutzgebiete, die Besucher willkommen heißen und ihnen die Möglichkeit bieten, die Natur zu erleben, ohne die Umwelt zu schädigen. Einige Reservate bieten Führungen und Workshops an, um mehr über die Umwelt zu erfahren und daran teilzunehmen. Wenn Sie an Ökotourismus-Aktivitäten teilnehmen möchten, sollten Sie sich an einen akkreditierten Anbieter wenden, der sich für den Schutz der Natur und die Unterstützung nachhaltiger Praktiken einsetzt.

Bedenken Sie bei Ihrer nächsten Reise die Wahl des Verkehrsmittels. Flugreisen sind bequem, aber sehr umweltschädlich. Wenn Sie verantwortungsbewusst reisen möchten, sollten Sie alternative Transportmittel in Betracht ziehen, wie z. B. die Fahrt mit dem Fahrrad, dem Zug oder Bus. Diese Transportmittel bieten ein besseres Reiseerlebnis, da sie weniger CO_2-Emissionen als Flugzeuge haben, oft eine bessere Aussicht bieten und es Ihnen ermöglichen, die Reise länger zu genießen. Es geht darum, natürliche Lebensräume zu schützen und gleichzeitig einen Beitrag zur lokalen Wirtschaft zu leisten.

Nachfolgend einige Beispiele für nachhaltige Transportmöglichkeiten:

1) Verwenden Sie Bahn, Bus oder Fahrgemeinschaften statt das Flugzeug.

2) Nutzen Sie bei lokalen Aktivitäten das Fahrrad, E-Bike oder den E-Scooter, z.B. um eine Stadttour zu unternehmen.

3) Nutzen Sie die lokalen Car-Sharing-Angebote anstatt eines Mietwagens.

4) Nehmen Sie an organisierten Touren teil, so können Sie von der bestehenden Infrastruktur profitieren und Ihren Fußabdruck minimieren.

Es gibt viele Organisationen, die sich für nachhaltigen Tourismus einsetzen, wie die gemeinnützige Ecotourism Association und Green Globe. Sie stellen Informations- und Bildungsmaterialien sowie Zertifizierungen für Ökotourismus-Unterkünfte und -Aktivitäten zur Verfügung. Sie können umfangreiche Informationen erhalten, indem Sie diese Websites besuchen oder Bücher über nachhaltigen Tourismus wie "The Responsible Tourist" von L. Eppler Wood lesen.

Verantwortungsbewusstes Reisen berücksichtigt nicht nur die Umweltauswirkungen von Reiseentscheidungen, sondern beinhaltet auch die Achtung lokaler Kulturen und die Förderung des Tourismus in Entwicklungsländern. Dabei wird bewusst Verantwortung für die Auswirkungen des Reisens auf die Einwohner des jeweiligen Landes und deren Kultur übernommen. Es gibt eine einfache Lösung, um verantwortungsbewusst die Welt zu entdecken.

Nachfolgend einige Beispiele für Ökotourismus-Aktivitäten:

1) Wandern Sie in Naturschutzgebieten, Naturreservaten oder Nationalparks.

2) Besuchen Sie einen Bauernhof oder eine ökologische Farm in der Region.

3) Nehmen Sie an Gemeinschaftsaktivitäten wie zum Beispiel ökologischer landwirtschaftlicher Arbeit teil.

4) Übernachten Sie in Öko-Hotels mit nachhaltigem Fußabdruck.

5) Nehmen Sie an Wild- und Tierbeobachtungen teil, oder kommen Sie in den Austausch mit Einheimischen und lernen Sie deren Kultur kennen. Urlaub in der Nähe der Heimat! Lokaler Tourismus und regionale Reisen sind super, um Ihre Umgebung auf neue Weise zu entdecken. Deutschland, Österreich und die Schweiz zum Beispiel haben viele schöne Landschaften, Städte und Dörfer, die nur eine kurze Zug- oder Autofahrt entfernt sind. Ein Urlaub in der Region bietet eine großartige Gelegenheit, mit der Natur in Kontakt zu kommen und die lokale Kultur und Traditionen zu erleben, während Sie der Hektik des Alltags entfliehen.

Oder nutzen Sie den Schnellzug in einem Umkreis von 500 bis 1000 km. Europa hat viele schöne Städte, die bequem mit dem Zug erreichbar sind. Diese Art des Reisens ist bequem, schnell und vor allem umweltfreundlich. Während der Zugreise können Sie die Landschaft aus einer ganz anderen Perspektive sehen. Verantwortungsbewusstes Reisen ist auch bei der Planung eines nachhaltigen Urlaubs wichtig.

Hier sind noch mehr Tipps um Ihre nächste Reise nachhaltiger zu gestalten und gleichzeitig ein einzigartiges Erlebnis zu haben:

1) Vermeiden Sie den Kauf von Andenken an gefährdete Tiere und Pflanzen.

2) Unterstützen Sie die lokale Wirtschaft, indem Sie lokale Aktivitäten und Unterkunftsanbieter nutzen.

3) Vermeiden Sie Verpackungsmüll, indem Sie Ihre eigenen Mehrwegbehälter mitbringen.

4) Kaufen Sie kein Wasser mehr in Plastikflaschen. Investieren Sie stattdessen in mehrfach verwendbare Flaschen.

Um Ihre nächste Reise verantwortungsbewusster zu gestalten, buchen Sie mehr über lokale Anbieter und Unternehmen, anstatt auf internationale.

Außerdem ist es hilfreich, etwas über die lokale Kultur zu lernen, um lokale Bräuche und Traditionen zu respektieren und besser zu verstehen. Die Vermeidung von Plastik- und anderen Abfällen sowie die Einhaltung von Umweltvorschriften tragen ebenfalls wesentlich zu verantwortungsvollem Reisen bei. Es gibt viele Organisationen, die verantwortungsbewusstes Reisen fördern und Tipps und Ressourcen für Reisende bereitstellen, um eine größere Wirkung zu erzielen. Ein Beispiel ist Responsible Travel, ein Reiseunternehmen, das sich auf nachhaltiges Reisen spezialisiert hat und Reisenden hilft, Reiseentscheidungen auf nachhaltige Weise zu treffen. Ein weiteres Beispiel ist Tourism Concern, eine britische Organisation, die sich für Menschenrechte und die Umweltauswirkungen des Tourismus einsetzt.

Zusammengefasst spielt verantwortungsbewusstes Reisen eine Schlüsselrolle, wenn es um nachhaltiges Reisen geht, indem wir bewusst nachhaltige Entscheidungen treffen und daran arbeiten, negative Auswirkungen zu minimieren, so können wir sicherstellen, dass der Tourismus allen zugutekommt und die Umwelt schützt.

***

Ihre Challenge für das Thema Reiseplanung

Hier sind drei Aufgaben, die Sie bei Ihrer nächsten Reiseplanung erledigen können, um Ihre Reise nachhaltiger zu gestalten:

1) Denken Sie an nachhaltige Planung: Denken Sie bei der Planung Ihrer nächsten Reise an Ihr Transportmittel und wählen Sie möglichst nachhaltige Optionen. Planen Sie auch Möglichkeiten, sich ohne Auto auf dem Gelände fortzubewegen, z. B. mit öffentlichen Verkehrsmitteln oder mit dem Fahrrad.

2) Buchen Sie verantwortungsbewusst: Informieren Sie sich über das Hotel oder die Unterkunft, in der Sie übernachten möchten, um sicherzustellen, dass es nachhaltig und umweltfreundlich ist. Sie können auch erwägen, die lokale Wirtschaft zu unterstützen, indem Sie in einem örtlichen Gästehaus oder einer Wohngemeinschaft übernachten.

3) Reisen Sie umweltfreundlich und lokal: Planen Sie Aktivitäten, die die Umwelt schützen und die lokale Kultur unterstützen, wie z. B. den Besuch von Naturschutzgebieten, den Besuch lokaler Märkte und die Arbeit an.

Planen Sie Ihren Urlaub nach Möglichkeit lokal! Vermeiden Sie Aktivitäten, die sich negativ auf die Umwelt auswirken, wie Wildtiershows und Elefantenreiten.

Ihre Notizen

_____

_____

_____

_____

_____

_____

_____

_____

_____

_____

_____

_____

_____

_____

Kapitel 7

Wohnen, Möbel- und Gebäudewirtschaft

- Mehr Lebensqualität durch nachhaltiges Wohnen -

5 Fakten zum nachhaltigen Wohnen, Möbel und Gebäude

1) Gebäude gehören unter anderem zu den größten Verursachern von CO_2-Emissionen. Laut der Internationalen Energieagentur trugen die Gebäude im Jahr 2018 etwa 36% zu den weltweiten CO_2-Emissionen bei.

2) Effiziente Gebäude ermöglichen Energie- und Kosteneinsparungen. Untersuchungen zeigen, dass energieeffiziente Gebäude im Durchschnitt 40% weniger Energie verbrauchen als herkömmliche Gebäude.

3) Nachhaltige Gebäude können sich positiv auf Gesundheit und Wohlbefinden auswirken. Studien für Bauphysik zeigen, dass Bewohner von Niedrigenergiehäusern eine höhere Lebensqualität haben und weniger Umwelteinflüssen ausgesetzt sind als Bewohner konventioneller Gebäude.

4) Die übermäßige Nutzung von Baumaterialien kann zu Umweltverschmutzung und Entwaldung führen. Jährlich werden weltweit rund 40 Tonnen Baustoffe verbraucht, die zu Abholzung und Verschmutzung von Flüssen führen können.

5) Klimafreundliches Wohnen hilft, den Energieverbrauch zu senken. Eine Studie des Green Building Council Deutschland ergab, dass Niedrigenergiehäuser im Durchschnitt 50% weniger Energie verbrauchen als herkömmliche Häuser, was zu geringeren CO_2-Emissionen führen kann.

In der heutigen Zeit müssen wir das Thema Nachhaltigkeit in allen Bereichen immer wichtiger nehmen. Ein Bereich, in dem wir selbst einen großen Unterschied machen können, ist zu Hause. Ob Energie sparen oder nachhaltigere Baumaterialien verwenden, es gibt viele kleine Schritte, die jeder von uns für die Umwelt tun kann. Dieses Kapitel behandelt das Thema nachhaltiges Wohnen und Gebäudemanagement und stellt Tipps und Tricks vor, um Ihr Zuhause umweltfreundlicher zu gestalten.

Energieeffizienz und erneuerbare Energien: Um Zuhause mehr Energie einzusparen, können Sie auf energieeffiziente Geräte und Technologien umsteigen, die den Energieverbrauch senken und gleichzeitig Komfort bieten. Ein Beispiel sind LED-Leuchten, die bis zu 80 % weniger Energie verbrauchen als herkömmliche Glühlampen. Ein weiterer Schritt, den Sie unternehmen können, ist die Installation erneuerbarer Energien wie Sonnenkollektoren. Solche Produkte haben im Vergleich zu herkömmlichen Energiequellen zwar höhere Anschaffungskosten, zahlen sich aber langfristig definitiv aus und helfen, Ihren CO_2-Fußabdruck deutlich zu reduzieren.

Energieeffizienz ist ein wichtiger Bestandteil einer nachhaltigen Haus- und Gebäudebewirtschaftung. Dabei geht es darum, Gebäude so zu gestalten und auszustatten, dass sie möglichst wenig Energie verbrauchen. Beginnen Sie mit der Planung, indem Sie auf eine gute Isolierung, energiesparende Geräte und effiziente Heizsysteme achten. Ein weiteres wichtiges Thema ist die Nutzung von erneuerbaren Energien. Setzen Sie zum Beispiel auf Solartechnik, Wärmepumpen oder kleine Windkraftanlagen.

Von besonderem Interesse ist dabei die Kombination verschiedener Technologien, um eine möglichst umweltfreundliche und nachhaltige Energieversorgung zu ermöglichen. Ein anschauliches Beispiel für die Nutzung erneuerbarer Energie in einem Eigenheim ist eine Photovoltaikanlage auf dem Dach. Diese wandeln Sonnenlicht in Strom um und können zu Hause genutzt werden. Es kann auch nachts verwendet werden, indem ein spezieller Stromspeicher verwendet wird, der den erzeugten Strom speichert. Ein weiteres Beispiel ist der Einsatz von Wärmepumpen zur Beheizung.

Hier können verschiedene Systeme zum Einsatz kommen, wie zum Beispiel Luftwärmepumpen oder Erdwärmepumpen. Oft wird der Einbau nachhaltiger Energien durch den Staat (in Deutschland zum Beispiel die KFW) bezuschusst.

Baustoffe und Techniken: Es wird immer wichtiger, nachhaltiger zu bauen und zu renovieren, nicht nur in Bezug auf Energie, sondern auch in Bezug auf Baumaterialien und Technologie. So können Sie beispielsweise umweltfreundliche Baustoffe wie Holz, Lehm und Stroh verwenden, die nachhaltiger und CO_2-neutral produziert werden. Wenn es um Isolierung geht, gibt es viele Möglichkeiten, Gebäude energieeffizienter zu machen.

Sofern Sie ein Flachdach planen, denken Sie an Gründächer und Grünfassaden. Diese verbessern nicht nur das Raumklima und bieten mehr Grün für Flora und Fauna, sondern helfen auch, Ihren CO_2-Fußabdruck zu reduzieren. Es gibt auch spezielle Anbieter von Regenwassernutzungssystemen, die eine effiziente

Wassernutzung ermöglichen und dazu beitragen, die Entwässerungskosten zu senken. Deshalb sollten Sie sich beim Bauen oder Renovieren eines Eigenheims bereits im Vorfeld über nachhaltige Baumaterialien und -techniken informieren und diese, wo möglich, einbeziehen. Smart-Home-Technologie können Häuser und Gebäude nachhaltiger gestalten. Mit intelligenten Geräten und Anwendungen können Sie den Energieverbrauch Ihres Hauses einfach und effektiv überwachen und optimieren. Beispielsweise können Sie mit einem intelligenten Thermostat die Temperatur in Ihrem Zuhause automatisch regeln, wenn Sie nicht zu Hause sind. Das spart Energie, indem unnötiges Heizen und Kühlen vermieden wird. Es gibt auch intelligente Steckdosen, mit denen Sie Ihr Gerät ein- und ausschalten können, ohne aufzustehen. Ebenfalls existiert ein intelligentes Beleuchtungssystem, mit dem Sie Ihre Lichter von überall aus steuern können. Beispielsweise können Sie Ihre Beleuchtung so einstellen, dass sie sich automatisch ausschaltet, wenn Sie einen Raum verlassen. Daher können Sie Strom sparen, ohne sich Gedanken über den Stromverbrauch machen zu müssen.

Smart-Home-Technologie ist nicht nur nachhaltig, sondern auch praktisch und komfortabel. Und das Beste daran ist, dass es heute viele günstige, einfach zu installierende Optionen gibt, die für fast jeden zugänglich sind. So können Sie ohne großen Aufwand einen positiven Beitrag für die Umwelt leisten und gleichzeitig Ihr Zuhause gemütlicher gestalten.

***

Ihre Challenge im Bereich Wohnungs- und Bauwirtschaft

Die Nachhaltigkeitsherausforderung für die Wohnungs- und Bauwirtschaft sieht so aus:

1) Überprüfen Sie Ihre Energieeffizienz: Überprüfen Sie Ihre Stromrechnung und sehen Sie Ihren durchschnittlichen Strom- und Gasverbrauch. Investieren Sie in Energieeffizienzmaßnahmen wie LED-Lampen, Tür- und Fensterdichtungen und intelligente Thermostatsteuerungen.

2) Nutzen Sie erneuerbare Energien: Überlegen Sie, wie Sie erneuerbare Energie in Ihrer Wohnung oder Ihrem Haus nutzen können. Investieren Sie in Sonnenkollektoren und Wärmepumpen, um den Energieverbrauch zu senken und gleichzeitig die Umwelt zu schützen.

3) Verwenden Sie nachhaltige Baumaterialien: Überprüfen Sie die in Ihrer Wohnung oder Ihrem Haus verwendeten Baumaterialien. Investieren Sie in nachhaltige Baustoffe wie Holz aus nachhaltiger Forstwirtschaft, umweltfreundliche Farben und Lasuren sowie recycelte Baustoffe.

Ihre Notizen

Kapitel 8

Karriere und Arbeitswelt

- Nachhaltige Unternehmen haben zufriedenere
Mitarbeiter -

5 Fakten zu einer nachhaltigen Karriere und Arbeitswelt

1) Unternehmen verbrauchen große Mengen an Energie und Ressourcen, sodass traditionelle Arbeitsumgebungen einen erheblichen Beitrag zum Klimawandel leisten können.

2) Ein nachhaltiger Karriereweg kann sich positiv auf Klima und Umwelt auswirken. Branchen wie erneuerbare Energien, nachhaltige Landwirtschaft und Abfallwirtschaft bieten beispielsweise Arbeitsplätze, um zu einer nachhaltigeren Zukunft beizutragen.

3) Nachhaltige Unternehmen wirken sich oft positiver auf Umwelt und Klima aus als traditionelle Unternehmen. Untersuchungen zeigen, dass nachhaltige Unternehmen oft weniger Abfall produzieren und energieeffizienter sind.

4) Ein nachhaltiges Arbeitsumfeld reduziert nicht nur die Umweltbelastung, sondern trägt auch zur Steigerung der Mitarbeitermotivation und -zufriedenheit bei. Untersuchungen zeigen beispielsweise, dass ein Arbeitsplatz mit guter Luftqualität und natürlichem Licht die Mitarbeiterproduktivität verbessern kann.

5) Die Förderung nachhaltiger Karrierewege und Arbeitsumgebungen kann zum Übergang zu einer nachhaltigeren Wirtschaft beitragen. Beispielsweise können Unternehmen den Ressourcen- und Energieverbrauch reduzieren, indem sie energieeffiziente Technologien und Praktiken anwenden.

Wer sagt, dass eine Karriere und ein erfülltes Arbeitsleben nicht auch nachhaltig sind? Tatsächlich gibt es viele Wege, eine erfolgreiche und verantwortungsvolle Karriere zu verfolgen. Nachhaltige Karrieren und Arbeitsumgebungen sind auch gut für die Umwelt und die Gesellschaft. Nachhaltige Unternehmen und Branchen. Viele Unternehmen und Branchen bewegen sich in Richtung Nachhaltigkeit. Einige Beispiele sind erneuerbare Energien, ökologischer Landbau, Recycling, biologische Produkte und soziale Projekte. Unternehmen, die sich der Nachhaltigkeit verschrieben haben, zeigen oft auch ein starkes Interesse an einer gesunden Arbeitskultur und einem guten Arbeitsumfeld für ihre Mitarbeiter. Nachhaltige Industrien und Unternehmen spielen eine Schlüsselrolle bei der Schaffung einer grüneren und sozial verantwortlichen Arbeitswelt. Nachfolgend finden Sie einige Beispiele für nachhaltige Industrien.

Energie- und Umwelttechnik: Unternehmen dieser Branche arbeiten an der Entwicklung und Förderung erneuerbarer Energien wie Solarenergie, Windenergie und Bioenergie.

Land- und Ernährungswirtschaft: Hier geht es um die Förderung nachhaltiger Landwirtschaft und naturnaher Lebensmittelverarbeitung.

Nachhaltiger Tourismus: Unternehmen in diesem Sektor arbeiten daran, nachhaltige Reisemöglichkeiten zu schaffen und lokale Gemeinschaften zu unterstützen.

Recycling und Abfallwirtschaft: Hier geht es um das Recycling von Abfällen und die Schaffung von Kreisläufen für Rohstoffe.

Unternehmen können in ihren Bereichen auch nachhaltiger werden, indem sie beispielsweise Papier- und Energieeinsparungen, die Nutzung erneuerbarer Energien und die Verwendung von Recyclingmaterial fördern.

Eine umfassende Analyse dieses Themas findet sich in Büchern wie „The Future of Sustainability: Re-thinking Environment and Development in the 21st Century" und „Green to Gold: How Smart Companies Use Environmental Strategy to Innovate" von Jörg Friedrichs.

Es ist wichtig zu beachten, dass alle Unternehmen, unabhängig von ihrer Größe oder Branche, zum Aufbau einer nachhaltigeren Welt beitragen können. Durch die Umsetzung nachhaltiger Praktiken und die Förderung einer nachhaltigen Kultur in unserem Unternehmen können wir einen positiven Beitrag für Gesellschaft und Umwelt leisten. Es gibt viele nachhaltige und erfolgreiche Karrierewege. Es ist wichtig, bewusst einen Karriereweg zu wählen, der zu Ihren Interessen und Werten passt. Ein nachhaltiger Karriereweg ist eine großartige Möglichkeit, einen positiven Beitrag für eine bessere Zukunft zu leisten.

Die Wahl eines nachhaltigen Karrierewegs ermöglicht es einer Person, ihre Leidenschaft für die Umwelt und ihr Engagement für eine bessere Zukunft in ihrer Arbeit zum Ausdruck zu bringen.

Nachhaltiges Arbeitsumfeld: Ein nachhaltiges Arbeitsumfeld ist nicht nur gut für die Umwelt, sondern auch für die Gesundheit und das Wohlbefinden der Mitarbeiter. In diesem

Kapitel finden Sie einige Tipps für ein nachhaltigeres Arbeitsumfeld.

Jede kleine Änderung zählt und trägt dazu bei, ein besseres, nachhaltigeres Arbeitsumfeld zu schaffen. Unser kontinuierliches Engagement für die Integration nachhaltiger Praktiken in unseren täglichen Betrieb wird letztendlich dazu beitragen, eine bessere Zukunft für uns alle zu schaffen. Alle großen und kleinen Veränderungen sind positiv für die Umwelt und die Gesellschaft.

Ein nachhaltiges Arbeitsumfeld trägt dazu bei, die Umweltbelastung zu verringern und die Gesundheit und das Wohlbefinden der Arbeitnehmer zu verbessern. Nachfolgend finden Sie einige Beispiele für Maßnahmen, die zu einer nachhaltigeren Arbeitsumgebung beitragen können.

Energieeffizienz: Energiesparlampen, intelligente Thermostate und andere energieeffiziente Geräte können Ihnen helfen, weniger Energie in Ihrem Büro zu verschwenden.

Papierloses Büro: Vermeiden Sie das Drucken auf Papier, indem Sie digitale Dokumente und Tools verwenden.

Recycling: Durch die Einrichtung eines Recyclingsystems können Sie Ihren Abfall ordnungsgemäß entsorgen.

Bürogärten: Die Schaffung einer Grünfläche in Ihrem Büro kann dazu beitragen, eine gesunde und produktive Arbeitsumgebung zu schaffen.

Fernarbeit: Die Förderung von Fernarbeit kann die Reisezeit der Mitarbeiter verkürzen und Emissionen reduzieren.

Eine ausführlichere Übersicht über die Möglichkeiten nachhaltiger Arbeitsplätze finden sich in Büchern wie „Greening the Workplace" von Peder Michael Pruzan und „Sustainable Workplaces: The Role of Employers in Achifying Sustainability" von Jeongwoo Lee und Kyoung-Sook Lee im Buch. Indem sie jeden Mitarbeiter für ein nachhaltigeres Arbeitsumfeld verantwortlich machen, können Unternehmen ihre Mitarbeiter motivieren und unterstützen und gleichzeitig einen positiven Beitrag für die Umwelt leisten.

***

Drei Herausforderungen für eine nachhaltigere Karriere und ein nachhaltigeres Arbeitsumfeld:

1) Erkundigen Sie sich nach nachhaltigen Unternehmen und Branchen: Recherchieren Sie mindestens ein Unternehmen, das Sie für besonders nachhaltig halten und teilen Sie es mit anderen. Machen Sie sich bewusst, warum Sie dieses Unternehmen für besonders nachhaltig halten und wie es im Vergleich zu anderen Unternehmen abschneidet. Denken Sie darüber nach, welche Eigenschaften Sie Ihrem Arbeitgeber vorschlagen können, um so einen positiven Beitrag zu leisten.

2) Streben Sie einen nachhaltigen Karriereweg an: Überprüfen Sie Ihre aktuellen Karrierewege und überlegen Sie, wie Sie sie nachhaltiger gestalten können. Können Sie von zu Hause arbeiten und sich so den Arbeitsweg und die damit verbundenen Emissionen sparen? Kompensieren Sie bereits die Emissionen für Ihre beruflichen Reisen?

3) Sorgen Sie für eine nachhaltige Arbeitsumgebung: Überprüfen Sie Ihre Arbeitsumgebung und überlegen Sie, wie Sie sie nachhaltiger gestalten können. Nutzen Sie Online-Plattformen statt Papier für Meetings zu drucken. Verwenden Sie wiederverwendbare Wasserflaschen für das Mittagessen, anstatt Einwegflaschen zu kaufen, oder bringen Sie Ihre eigenen Mehrwegbecher mit, um Kaffeekapseln zu vermeiden.

Diese Herausforderung ist ein kleiner, aber wichtiger Schritt auf dem Weg zu einer nachhaltigeren Karriere und

Gesellschaft. Durch verantwortungsbewusstes Handeln kann jeder von uns einen positiven Beitrag für die Umwelt leisten und gleichzeitig seine Karriere und sein Arbeitsumfeld verbessern.

Ihre Notizen

_____

_____

_____

_____

_____

_____

_____

_____

_____

_____

_____

_____

_____

_____

Kapitel 9

Geldanlage und Investitionen

- Mehr Nachhaltigkeit für Ihr Portfolio -

5 Fakten zur nachhaltigen Geldanlage und Investitionen

1) Nachhaltige Geldanlagen können in vielen Fällen vergleichbare Renditen erzielen. Studien zeigen, dass nachhaltige Fonds im Durchschnitt ähnliche Renditen wie konventionelle Anlagen erzielen können.

2) Nachhaltige Anlagen können Risiken minimieren und Ihr Portfolio diversifizieren, da sie explizit auch Nachhaltigkeitsrisiken berücksichtigen und die Unternehmen Leitlinien für nachhaltiges Wirtschaften befolgen.

3) Nachhaltige Anlagen können ökologische und soziale Ziele unterstützen. Nachhaltiges Investieren ermöglicht es Anlegern, in Unternehmen zu investieren, die sich aktiv an der Lösung ökologischer und sozialer Herausforderungen beteiligen. Dies kann sich positiv auf die Umwelt und die Gesellschaft auswirken.

4) Nachhaltiges Investieren steht allen Anlegern offen. Es gibt viele Möglichkeiten, in nachhaltige Anlagen zu investieren, darunter Exchange Traded Funds (ETFs), aktiv verwaltete Fonds, Zertifikate und Einzelaktien. Diese Optionen sind eine großartige Möglichkeit, Ihr Portfolio umzugestalten und gleichzeitig der Umwelt und der Gesellschaft zu helfen.

5) Nachhaltige Investitionen können den Wandel hin zu einer nachhaltigeren Wirtschaft vorantreiben. Durch die Investition in Unternehmen, die nachhaltige Praktiken anwenden, können nachhaltige Investitionen den Übergang zu einer nachhaltigeren Wirtschaft beschleunigen. Die Nachfrage nach nachhaltigem Investieren ist in den letzten Jahren stark

gestiegen, und immer mehr Menschen erkennen, dass sie eine aktive Rolle bei der Gestaltung einer besseren Zukunft spielen können.

Dieses Kapitel stellt keine Anlageempfehlung und Beratung dar. Vielmehr soll es aufzeigen, welche Möglichkeiten es gibt und zum Nachdenken anregen. Jegliches Handeln ist dem Leser überlassen.

Nachhaltige Finanzen können durch die bewusste Auswahl von Banken, Investmentfonds und Versicherungsunternehmen verbessert werden. Eine Möglichkeit besteht darin, ethische und umweltfreundliche Finanzinstitute und Projekte zu finden, in die investiert werden kann. Eine weitere Möglichkeit sind auch grüne Anleihen und Fonds, die in erneuerbare Energien, Energieeffizienz und Nachhaltigkeit investieren.

Ein weiteres Beispiel für nachhaltige Finanzen ist die Verwendung von Krediten für grüne Projekte oder die Investition in Mikrokredite, um den Zugang zu Finanzmitteln für kleine Unternehmen und Gemeinden in Entwicklungsländern zu verbessern. Untersuchungen von BlackRock, einem der weltweit führenden Vermögensverwalter, zeigen, dass nachhaltiges Investieren in den letzten Jahren erheblich gewachsen ist, wobei immer mehr Anleger ihre Portfolios auf Nachhaltigkeit ausrichten möchten. Eine weitere Studie von Morgan Stanley zeigt, dass es beim Investieren in nachhaltige Anlagen keine Performance-Kompromisse gibt.

Nachhaltiges Investieren ist in den letzten Jahren immer beliebter geworden. Investitionen in Unternehmen und Sektoren, die sich positiv auf Umwelt, Gesellschaft und Wirtschaft auswirken, können Ihnen nicht nur helfen, Ihre finanziellen Ziele zu erreichen, sondern auch dazu beitragen, globale Herausforderungen wie Klimawandel, Armut und soziale Ungerechtigkeit zu bewältigen.

Nachhaltige Investitionsmöglichkeiten:

Grüne Anleihen: Dies sind Anleihen, die von Unternehmen und Regierungen ausgegeben werden, um erneuerbare Energien, Energieeffizienz und Umweltschutzprojekte zu finanzieren.

Sozial verantwortliche Anleihen: Dies sind Anleihen, die von Unternehmen und Regierungen ausgegeben werden, um soziale und ökologische Projekte zu finanzieren. Das können Bildungs-, Gesundheits- oder andere soziale Projekte sein.

Nachhaltige Aktienfonds: Das sind Fonds, die in die Aktien von Unternehmen investieren, die nachhaltige Geschäftspraktiken verfolgen. Dies können Unternehmen in verschiedenen Branchen wie erneuerbare Energien, Gesundheitswesen, Technologie und andere nachhaltige Branchen sein.

ETFs (Exchange Traded Funds): ETFs bieten Anlegern die Möglichkeit, in eine Vielzahl von Unternehmen und Branchen zu investieren. Es gibt auch ETFs, die auf nachhaltiges Investieren spezialisiert sind. Diese können in erneuerbare Energien, Umwelttechnik und sozial verantwortliche Unternehmen investiert werden.

Mikrofinanzierung: Eine Art nachhaltiger Geldanlage, die Kleinkredite an Unternehmen und Privatpersonen unter anderem in Entwicklungsländern vergibt. Diese Kredite tragen zur Förderung der wirtschaftlichen Entwicklung und zur Verringerung der Armut in diesen Ländern bei.

Wir leben in einer Zeit, in der es wichtiger denn je ist, über finanzielle Entscheidungen nachzudenken. Denn unsere Investitionen wirken sich nicht nur direkt auf unsere finanzielle Zukunft aus, sondern auch auf die Welt, in der wir leben. Worauf ist dabei zu achten? Wer nachhaltig in einzelne Unternehmen investieren möchte, muss einige wichtige Faktoren beachten.

Nachhaltiger Fokus: Stellen Sie sicher, dass das Unternehmen, in das Sie investieren möchten, einen klaren nachhaltigen Fokus hat. Das bedeutet, dass wir uns auf erneuerbare Energien, soziale Projekte oder andere nachhaltige Branchen konzentrieren.

Umweltauswirkungen: Informieren Sie sich über die Umweltauswirkungen Ihres Unternehmens und ob das Unternehmen Maßnahmen ergreift, um diese zu minimieren.

Soziale Verantwortung: Prüfen Sie, ob das Unternehmen verantwortungsvoll mit seinen Mitarbeitern und der Gesellschaft umgeht. Das bedeutet, faire Arbeitsbedingungen zu schaffen und in soziale Projekte zu investieren.

Transparenz: Überprüfen Sie die Transparenz der finanziellen und sozialen Aktivitäten des Unternehmens. Ein transparentes Unternehmen ist ein gutes Zeichen für Verantwortung und Integrität.

Diversifizieren: Diversifizieren Sie Ihre Anlagen, um das Risiko zu minimieren. Sie können Ihr Portfolio absichern, indem Sie in mehrere nachhaltige Unternehmen und Branchen investieren.

Zusammenfassend ist es wichtig, die Unternehmen und Branchen, in die Sie investieren, sorgfältig zu prüfen und dabei Nachhaltigkeitsfaktoren im Auge zu behalten. So werden Sie nicht nur finanziell erfolgreich, sondern tragen auch zu einer besseren Zukunft bei.

Es ist wichtig zu beachten, dass nachhaltige Finanzen kein Ersatz für grundlegende Änderungen im Verbraucherverhalten sind. Es kann jedoch ein wirksames Mittel sein, um den Übergang zu einer nachhaltigeren Wirtschaft zu unterstützen und gleichzeitig wirtschaftlich tragfähige Entscheidungen zu treffen. Für weitere Informationen und Analysen zu nachhaltigen Finanzen können Sie sich an Organisationen wie das Global Impact Investing Network (GIIN), das Forum for Sustainable and Responsible Investment (US SIF) und Eurosif wenden.

***

Sie haben heute die Gelegenheit, in der Challenge drei Schritte im Bereich nachhaltiger Investments umzusetzen:

1) Überprüfen Sie Ihre aktuellen Investitionen: Sehen Sie sich Ihre aktuellen Investitionen an und prüfen Sie, ob sie mit Ihren Werten und Überzeugungen übereinstimmen. Wenn nicht, können Sie nach einer anderen Investitionsmöglichkeit suchen.

2) Suchen und finden Sie Alternativen: Erfahren Sie mehr über alternative Anlagemöglichkeiten, die nachhaltige Praktiken fördern und sich positiv auf Umwelt, Gesellschaft und Wirtschaft auswirken. Von Green Bonds bis hin zu nachhaltigen Aktienfonds gibt es viele Möglichkeiten.

3) Wenn Sie noch nicht aktiv sind, können Sie über die Umsetzung nachhaltiger Investitionen nachdenken. Sofern Sie bisher nicht nachhaltig investieren, suchen Sie sich Unternehmen und Branchen, die Sie unterstützen möchten. Sie können aus dem Bereich der erneuerbaren Energien, soziale Projekte oder anderen nachhaltigen Branchen stammen.

Ihre Notizen

_____

_____

_____

_____

_____

_____

_____

_____

_____

_____

_____

_____

_____

_____

Kapitel 10

Kleidung und Mode

- Stilsicher und im Trend mit nachhaltiger Mode -

5 Fakten zu nachhaltiger Kleidung und Mode

1) Die Bekleidungsproduktion gehört zu den umweltschädlichsten Industrien. Laut Studien ist die Modebranche für etwa 5% der weltweiten CO_2-Emissionen verantwortlich.

2) Nachhaltige Bekleidungsstoffe helfen, den Chemikalien- und Wasserverbrauch zu reduzieren. Eine Studie der Organisation für nachhaltige Entwicklung zeigte, dass durch die Verwendung von Naturfasern wie Baumwolle und Leinen im Vergleich zu synthetischen Fasern der Wasserverbrauch und die CO_2-Emissionen gesenkt werden können.

3) Traditionelle Bekleidungsherstellung kann zu Entwaldung von Ökosystemen führen. Studien ergaben, dass Bekleidungshersteller, die Baumwolle aus Ländern mit schlechter Umweltpolitik beziehen, zur Entwaldung beitragen.

4) Die Modebranche trägt zur Überschwemmung von Deponien bei. Studien ergaben, dass jedes Jahr weltweit rund mehrere Millionen Tonnen Kleidung und Schuhe auf Deponien entsorgt werden und zur Verschmutzung von Boden und Wasser beitragen.

5) Nachhaltige Mode hilft, den Energieverbrauch zu senken. Durch nachhaltige Mode kann der Energieverbrauch um bis zu 60% gesenkt werden, was zu einer geringeren CO_2-Bilanz führt.

Nachhaltige Mode ist Kleidung, die umweltfreundlich ist und gut aussieht. In den letzten Jahren ist das Bewusstsein für nachhaltige Mode und Textilien gestiegen, und es gibt mehr Möglichkeiten, bewusst einzukaufen. Aber was genau ist nachhaltige Mode, und wie können wir unsere Garderobe nachhaltiger gestalten? Nachhaltige Produktion und Materialien sind ein wesentlicher Bestandteil nachhaltiger Mode. Arbeiter sollten fair bezahlt werden und unter menschenwürdigen Arbeitsbedingungen arbeiten dürfen. Außerdem sollte die Umweltbelastung durch die Produktion so gering wie möglich sein. Dabei spielen auch die verwendeten Materialien eine wichtige Rolle. Zu den nachhaltigen Materialien gehören Bio-Baumwolle, Tencel und Hanf. Diese Materialien werden in Umgebungen angebaut, die eine geringere Umweltbelastung haben als beispielsweise herkömmliche Baumwolle.

In der Mode- und Textilindustrie ist die Minimierung ökologischer und sozialer Auswirkungen äußerst wichtig. Nachhaltige Produktion bezieht sich auf den Einsatz ressourcenschonender Verfahren, die Verwendung natürlicher und umweltfreundlicher Materialien sowie faire Arbeitsbedingungen für die Mitarbeiter. Beispiele für nachhaltige Materialien sind Bio-Baumwolle und Tencel, eine regenerierte Faser aus Eukalyptusbäumen. Diese Materialien sind nicht nur umweltfreundlicher als herkömmliche Baumwolle, sie sind auch sanft zur Haut und tragen zu einem gesünderen Lebensstil bei.

Laut Studien verbraucht die konventionelle Baumwollproduktion etwa 25% aller Pestizide und 15% des weltweiten landwirtschaftlichen Wasserverbrauchs. Im

Gegensatz dazu erfolgt die Bio-Baumwollproduktion ohne den Einsatz von Pestiziden und chemischen Düngemitteln, was sie umweltfreundlicher macht.

Eine weitere nachhaltige Option ist die Verwendung von recycelten Materialien. Diese können aus alten Textilien, Plastikflaschen und anderen Quellen stammen.

Ein Beispiel für ein Label, das diese Technologie verwendet, ist Patagonia, das Produkte aus recycelten Polyesterfasern hergestellt. Eine nachhaltige Produktion zeichnet sich auch durch faire Arbeitsbedingungen für unsere Mitarbeiter aus. Labels wie „Fair Trade Certified" und „Global Organic Textile Standard" setzen sich für faire Löhne der Arbeiter und verbesserte Arbeitsbedingungen in der Mode- und Textilindustrie ein. In Bezug auf Klimawandel und Umwelt ist es wichtiger denn je, nachhaltige Alternativen in der Mode- und Textilindustrie zu unterstützen. Durch die Wahl nachhaltiger Materialien, fairer Arbeitsbedingungen und einer ressourcenschonenden Produktion können Sie zu einer besseren Zukunft beitragen.

Vintage und Upcycling: Eine andere Möglichkeit, sich nachhaltiger zu kleiden, besteht darin, Second-Hand-Kleidung zu kaufen oder sie aufzuwerten, um Ihre Kleidung aufzufrischen. Alte Klamotten werden in neue trendige Klamotten verwandelt. Das ist nicht nur gut für die Umwelt, sondern auch eine kreative Herausforderung. Achten Sie beim Kauf gebrauchter Kleidung auf das Material. Wirklich nachhaltige Kleidung zu finden, ist etwas mehr Zeit und Mühe wert.

Secondhand- und Upcycling-Techniken sind wichtige Bestandteile der nachhaltigen Modewelt. Sie bieten eine großartige Möglichkeit, bereits vorhandene Kleidung wiederzuverwenden und die Umwelt zu schonen. Die Wiederverwendung von Kleidung spart eine Menge Ressourcen, die für die Herstellung neuer Kleidung benötigt werden. Das Wiederverwenden eines einzigen T-Shirts spart genug Energie, um eine 60-Watt-Glühbirne über drei Monate lang zu betreiben. Außerdem kann das Wiederverwenden von Kleidung die Müllmenge erheblich reduzieren. Auch das Upcycling von Kleidung ist eine großartige Gelegenheit, Ressourcen zu sparen und Abfall zu reduzieren. Kleidungs-Upcycling ist eine Möglichkeit, alte Kleidung in neue zeitgenössische Stücke umzuwandeln. Dies kann man selbst tun oder in einem Fachgeschäft oder Online-Shop kaufen. Zusammenfassend spielen Secondhand und Upcycling eine Schlüsselrolle bei der Gestaltung der Welt der nachhaltigen Mode. Sie bieten eine einfache und bequeme Möglichkeit, Ressourcen zu sparen und Abfall zu reduzieren.

So leisten Sie einen Beitrag zum Umweltschutz und bleiben gleichzeitig modisch und up-to-date.

Nachhaltige Marken und Labels: Erkundigen Sie sich nach nachhaltigen Marken und Labels. Wir müssen auf Siegel wie Fair-Trade-Siegel und Labels für nachhaltige Mode achten. Mittlerweile gibt es viele nachhaltige Marken, die sowohl legere als auch elegante Kleidung anbieten. Nachhaltige Marken und Labels spielen eine wichtige Rolle bei der Schaffung einer nachhaltigeren Modewelt. Es gibt viele große und kleine Marken, die sich auf eine nachhaltige und ethische Produktion konzentrieren. Diese Marken verwenden oft hochwertige, langlebige Materialien, produzieren unter fairen Arbeitsbedingungen und engagieren sich für den Schutz der Umwelt.

Das Unternehmen Patagonia setzt auf die Verwendung von recycelten Materialien, faire Arbeitsbedingungen und eine nachhaltige Produktion. Ein weiteres Beispiel ist das Label People Tree, das seit 1991 fair produzierte Kleidung und Accessoires anbietet. Ein weiteres großes nachhaltiges Label ist Everlane. Das Unternehmen nimmt Transparenz in seiner Lieferkette sehr ernst und arbeitet eng mit seinen Lieferanten zusammen, um ethische Arbeitsbedingungen zu gewährleisten. Die Zahlen bestätigen die Bedeutung nachhaltiger Marken und Labels.

Untersuchungen des Unternehmens Accenture zeigen, dass ein Viertel aller Verbraucher bereit ist, mehr Geld für nachhaltige Mode auszugeben. Dies zeigt den wachsenden Bedarf an nachhaltiger Mode und die Bereitschaft der Verbraucher, mehr für ethische und umweltfreundliche Kleidung zu bezahlen. Es ist wichtig zu beachten, dass es nicht immer einfach ist, nachhaltige Marken und Labels zu erkennen. Grüne Marketingstrategien geben oft vor, nachhaltig zu sein, auch wenn das Produkt es nicht ist. Daher ist es wichtig, sorgfältig zu recherchieren und nach unabhängigen Zertifizierungen wie dem Global Organic Textile Standard oder dem Fairtrade-Siegel Ausschau zu halten.

***

Ihre nächste Challenge beim Kleiderkauf

1) Suchen Sie nach nachhaltiger Kleidung: Kaufen Sie mindestens ein nachhaltig produziertes Kleidungsstück. Es gibt viele große Marken, die sich auf nachhaltige Mode spezialisiert haben, wie Patagonia, Stella McCartney und Eileen Fisher.

2) Probieren Sie sich an "Do it yourself" und Upcycling: Verwenden Sie mindestens ein altes Kleidungsstück aus Ihrem Kleiderschrank für ein Upcycling-Projekt. Beispielsweise kann es modifiziert und neu gestaltet oder als Teil eines neuen Werkes verwendet werden.

3) Stöbern Sie in einem Second-Hand Geschäft: Gehen Sie zu einem Secondhand-Laden oder Flohmarkt und kaufen Sie Ihre Lieblings-Kleidungsstücke. Sie werden von der Anzahl der schönen Kleider begeistert sein. Es trägt auch zur Abfallreduzierung bei.

Ihre Notizen

Nachwort

Das Buch, das Sie gelesen haben, beschäftigt sich mit dem Thema Nachhaltigkeit auf eine einzigartige Weise. Es zeigt, dass es möglich ist, einen nachhaltigen Lebensstil zu führen, ohne auf die Annehmlichkeiten des modernen Lebens zu verzichten. Der Autor bietet konkrete Tipps und Anregungen, wie jeder von uns im Alltag einen Beitrag zum Schutz unserer Umwelt leisten kann, ohne dabei auf Komfort und Lebensqualität zu verzichten.

Das Buch ist eine wertvolle Anleitung für alle, die sich für Nachhaltigkeit interessieren und ihren Beitrag zum Umweltschutz leisten möchten. Es zeigt auf, dass jeder von uns einen Unterschied machen kann und dass jede Handlung, egal wie klein sie auch sein mag, zählt. Ich hoffe, dass das Buch Sie inspiriert hat und dass Sie sich ermutigt fühlen, Ihren eigenen Beitrag zur Nachhaltigkeit zu leisten. Lassen Sie uns gemeinsam dafür sorgen, dass unser Leben nachhaltig ist und unser Planet gesund bleibt.